GUY COQUILLE

Paris. — Imp. F. PICHON, 14, rue Cujas, et 51, rue des Feuillantines.

GUY COQUILLE DE NIVERNAIS

1523-1603

DISCOURS

Prononcé à l'ouverture de la Conférence Paillet
le 30 Novembre 1876.

PAR

Ed. LÉGEY

DOCTEUR EN DROIT

AVOCAT A LA COUR D'APPEL

PARIS

F. PICHON, LIBRAIRE-ÉDITEUR

14, RUE CUJAS, 14.

—

1877

GUY COQUILLE DE NIVERNAIS

1523 - 1603.

———— ·-o-o-o-· ————

Vir in omni jure peritus
Modestiæque singularis.

PAPYRIUS LE MASSON.

MESSIEURS,

On a dit bien souvent que les avocats ont une
dette de reconnaissance à payer aux jurisconsultes.
Leurs ouvrages sont la source à laquelle nous pui-
sons sans cesse, et ils peuvent revendiquer leur
part des admirables modèles de discussion juridique
que nous ont laissés nos anciens. Leurs travaux
sont aussi d'un ordre plus élevé que les nôtres, car,
tandis que nous cherchons dans le droit la raison
applicable aux faits, ils interrogent la science pour
en déterminer les principes essentiels. Ce sont nos
maîtres à l'École, nos guides au Palais.

Guy Coquille est l'un de ceux qui sont le plus
dignes de notre respectueux souvenir. En lui sur-

1

tout, on rencontre les qualités qui distinguent les jurisconsultes de notre race : l'intelligence lucide et le grand bon. sens. J'ajoute qu'il avait au suprême degré ce sentiment de l'unité politique, si remarquable chez les légistes du seizième siècle. Son Commentaire de la Coutume de Nivernais n'est pas l'œuvre vulgaire d'un praticien de province, destinée à vivre et à mourir dans l'étendue de sa juridiction, c'est un monument élevé au Droit Coutumier, je veux dire, d'après lui, à notre vrai droit civil français ; son œuvre, elle franchit les limites du bailliage où elle est née et s'étend à tout le pays régi par la Coutume.

On raconte que le Procureur Général Dupin s'adressant un jour à des Nivernistes, leur dit : Vous êtes deux fois Français, Français et Nivernistes. Si le mot est vrai, il s'applique à Coquille : il n'y a pas de jurisconsulte plus éminemment français. L'amour de la patrie, le sentiment de ses intérêts et de son honneur, voilà ce qu'on découvre à chaque page dans ses écrits. Au milieu des grands drames de la fin du seizième siècle, auxquels il a été mêlé, comme Député aux États-Généraux, la pensée de la patrie ne l'abandonne pas un instant : c'est elle qui le guide et qui le préserve de l'erreur. Aussi a-t-on pu dire de lui qu'il ne fut pas seulement l'ornement du Nivernais, mais l'un des plus illustres personnages de la France.

N'hésitons pas à acquitter envers lui notre dette d'honneurs. — Par là, nous nous associons à sa gloire : jurisconsultes ou avocats, nous sommes les membres d'une même famille. Coquille nous tient de plus près encore, car il fut avocat en même temps que jurisconsulte.

Guy Coquille, sieur de Romenay et de Beaudéduit, est né à Decize, dans le Nivernais, le 11 novembre 1523. Sa famille, l'une des plus anciennes du pays, jouissait d'une considération méritée. Parmi ses aïeux, les uns avaient exercé à Nevers des fonctions municipales, d'autres des fonctions judiciaires. Hugues Coquille s'était distingué au service de Charles VI, pendant les guerres de Bretagne : le roi l'en avait récompensé par des lettres de noblesse. Guillaume Coquille (1) avait une position plus modeste : il était grainetier et probablement peu fortuné ; néanmoins il épousa Jeanne Bourgoing, sœur de Guillaume Bourgoing, Conseiller au Parlement de Paris. C'est de ce mariage qu'est né Guy Coquille.

Coquille fit ses études à Paris, au collége de Navarre, où son père le plaça à l'âge de huit ans. Il y prit vite le goût des littératures anciennes et des vers latins : à l'en croire, il avait, pour ce genre de versification, une très-grande facilité.

(1) Un autre Guillaume Coquille avait été appelé en 1445 par Charles VII « pour travailler à la réformation de la justice et des finances du royaume. »

A l'âge de quatorze ans, il avait terminé ce que nous appelons aujourd'hui les études de second degré. Il étudia alors la philosophie et assista aux leçons de professeurs, dont les noms ne nous sont pas connus.

. A cette époque, Messieurs, l'École de Bourges ne brille pas de l'éclat qu'elle acquiert quelques années plus tard. Cujas n'occupe pas la chaire de droit romain. Les Universités d'Italie attirent encore en foule les étudiants étrangers. Partout, à Ferrare, à Sienne, à Pise, à Padoue, à Bologne, les Princes se disputent, à force de libéralités et de faveurs, l'honneur de posséder les hommes célèbres qui enseignent le Droit.

Coquille part pour l'Italie, sur les conseils du sieur de Neuvis le Barrois, son protecteur, qui fournit à ses dépenses, au moins en partie. A l'Université de Padoue, il suit les leçons d'un homme éminent, Marianus Socin, le jeune, le même qui, quelques années après, succédait à Alciat dans sa chaire de droit romain à l'Université de Bologne. On l'appelait Socin le jeune, pour le distinguer de son aïeul : sa famille a donné plusieurs générations de professeurs aux Écoles d'Italie.

Guy Coquille était là depuis dix-huit mois, lorsqu'il apprend que sa famille est « enveloppée de procez » ; il vient à Paris « pour les solliciter ». En même temps il entre, pour une année, dans l'étude d'un procureur. L'année écoulée, s'apercevant qu'il ne sait pas grand chose en procédure, il accepte les fonctions de clerc auprès de Guillaume de Bourgoing, son oncle. Après trois ans d'un travail continu, il connaît assez les affaires pour les discuter à la barre. Cependant, il n'est pas sans inquiétude. Il sait quel est le côté faible de ses études juridiques, l'incertitude des doctrines qu'on lui a enseignées en Italie sur le droit canon. Il se décide à refaire son droit « à la mode de France » (1), part pour Orléans et y reste deux ans.

C'est à ce moment que nourri des saines doctrines et formé à la pratique des affaires, il entre au barreau. Il avait alors vingt-sept ans.

En 1550, il accompagne le Parlement aux grands jours de Moulins ; l'année suivante, nous le voyons au Palais. C'était à une époque où le Barreau était nombreux et brillant. Les premières places étaient occupées par Lizet, Montholon, Brulart, Séguier ; parmi les jeunes étaient Étienne Pasquier et Bodin qui, plus tard se livrait à la politique (2).

---

(1) *Préface* ou *Discours sur la vie et les œuvres de M⁰ Guy Coquille. sieur de Romenay*, etc., t. 2 de l'édition de Bordeaux, 1703.

(2) Sur l'état du Barreau au seizième siècle, V. M. A. Rendu, *Les Avocats d'autrefois*, 1874, p. 179.

« A Paris, dit un contemporain (1), Coquille est incontinent remarqué pour tel qu'il estoit : homme de profond savoir et de haute espérance, et des plus judicieux à rapporter, opiner et prévoir l'événement d'un procez. » Il suit le Palais pendant trois ans, assidu aux audiences et attentif à recueillir les arrêts les plus remarquables. Puis, il retourne à Decize, malgré les prières de ses amis, malgré les offres qui lui sont faites.

Comment se fait-il qu'avec de telles facultés, Coquille abandonne le barreau de Paris? Est-ce la faiblesse de sa voix, comme on l'a prétendu, est-ce cette incomparable modestie, l'un des traits distinctifs de son caractère, qui l'empêche de se produire au grand jour des audiences du Parlement? On l'ignore. Mais il n'est peut être pas impossible de deviner le motif de cette grave détermination : à peine était-il à Decize qu'il épousait Anne Lelièvre, la nièce de sa belle-mère. — Hélas! son bonheur ne fut pas de longue durée ; il perdait sa femme après vingt mois de mariage. — A quelque temps de là, un incendie détruisait la petite ville de Decize. Coquille céda alors aux instances de ses amis qui le voyaient avec peine s'éloigner des affaires et en 1559, il vint habiter Nevers, berceau de sa famille.

(1) G. Joly, *De la vie de Mᵉ Guy Coquille*, en-tête de ses œuvres.

Sa réputation l'y avait précédé. Il n'y était pas « quasi-logé » que les clients affluaient à sa porte. Son grand sens le faisait désirer de tous : personne ne s'estimait assuré du gain de son procès, s'il ne l'avait pour avocat. On admirait la merveilleuse dextérité, avec laquelle il dénouait les difficultés d'une affaire.

Coquille était à Nevers depuis quelques mois seulement, lorsque la France fut appelée à élire des députés pour les États-Généraux. C'était la première fois depuis un siècle.

Jamais convocation d'États ne fut plus opportune, car, la situation était grave. Tout était à réorganiser dans l'ordre religieux comme dans l'ordre politique.

Qui ne se souvient des abus causés, dans l'administration des choses religieuses, par la centralisation excessive de la Cour de Rome? Du trouble jeté dans les consciences par ses prétentions à l'absolutisme de plus en plus accentuées? Des désordres scandaleux de la vie des Ecclésiastiques? La Réforme est née de cet état de choses. En 1560, les catholiques et les protestants n'ont pas encore tiré l'épée, mais ils sont presque à l'état de guerre ouverte.

Dans l'ordre purement politique, les guerres d'Italie et de Charles-Quint, les prodigalités fastueuses des Valois, les libéralités aux courtisans

et aux favorites, les fortunes soudaines des finan-
ciers, ont ruiné le Trésor. Les assemblées provin-
ciales, irritées de ces dissipations demandent « une
enquête des vols publics. » La lutte d'influence, qui
s'établit au sein du gouvernement entre les Guise
et les Conseillers nés de la Couronne, soulève vio-
lemment l'opinion. C'est l'époque de ses premières
manifestations et il faut déjà compter avec elle : la
chanson politique naît de cette crise. — De tous
côtés on réclame la convocation des États-Généraux,
avec l'espoir de trouver dans cette grande manifes-
tation du sentiment public, les moyens pratiques
de rétablir l'ordre et de réorganiser l'État.

A cette heure, il y a cependant comme un souffle
de modération qui passe sur la France. Entre les
partis qui s'exaltent à l'envi, les modérés pro-
noncent le mot de tolérance : ils cherchent une
transaction et ils espèrent la trouver. Cet esprit do-
mine dans les élections. Les provinces envoient aux
États un certain nombre de protestants ; la plupart
des autres Députés sont, pour me servir d'une expression qui indique exactement la physionomie
de l'assemblée, des protestants politiques (1). Ils
se réunissent à Orléans (2).

La place de Coquille était marquée dans cette
assemblée de raison. Le Tiers Etat de Nivernais
l'y envoie à l'unanimité des suffrages.

_____

(1) Michelet, *Histoire de France*, t. 9, p. 240.
2) Du 13 décembre 1560 au 31 janvier 1561.

Toutes les grandes questions d'administration sont agitées au sein du Tiers-Etat. Il demande l'abolition de la vénalité des offices ; l'institution de juges consulaires ; l'élection aux dignités ecclésiastiques ; l'attribution d'une partie des biens du clergé à l'acquit des charges publiques, à la fondation de colléges municipaux, à l'entretien des pauvres. Il réclame la suspension, au moins provisoire des persécutions religieuses ; la convocation régulière des Etats-Généraux tous les cinq ans. Nul plus que Coquille n'était à même d'exprimer une opinion raisonnée en pareille matière. Ces questions lui étaient familières et si j'indique ici quelques-unes de celles qui ont été l'objet des délibérations du Tiers Etat, au milieu d'autres non moins importantes, c'est qu'elles se présentent fréquemment sous sa plume.

Après la clôture des Etats, Coquille revint à Nevers. Il en rapportait le récit, sous forme de journal, de ce qui s'y était passé et le résumé des doléances de son Ordre (1).

Mais son rôle politique n'est pas terminé. L'année suivante, le duc de Nevers le charge d'une mis-

---

(1) Ces pièces ne nous ont pas été conservées. V. la note A à la fin du discours.

sion diplomatique auprès de Guillaume de Clèves (1).
Quelle était l'objet de cette mission, nous l'igno-
rons. Nous savons seulement que, grâce à l'habileté
de l'ambassadeur, le succès dépassa les espérances
du Prince.

Cependant les Etats d'Orléans n'ont pas apporté
le calme qu'on en attendait. Les passions étaient
trop ardentes pour ne pas faire explosion. En 1568,
on était dans la seconde période des guerres de
religion.

Jusque-là, Nevers a été préservée, mais les esprits
n'en ressentent pas moins les effets de la lutte qui
s'est engagée. Les habitants comprennent la né-
cessité de confier l'administration de la cité à un
homme de modération et de tact : c'est Coquille
qu'ils choisissent, en le nommant premier Eche-
vin (2). Il accepte la mission difficile qui lui est
offerte, rétablit l'ordre dans les affaires municipales
et parvient à conjurer la guerre civile.

A peine s'était-il démis de cette charge, que le
duc de Nevers, Louis de Gonzague, Prince dont
l'histoire conserve le souvenir, le nommait Procureur général du duché (3). Des hommes éminents

---

(1) Le duc de Nevers était alors François II, de Clèves.
(2) Septembre 1568.
(3) Mai 1571.

sollicitaient cet honneur : c'est à lui qu'il échut, bien que sa modestie le tint à l'écart. Ces fonctions étaient considérables. Elles comprenaient l'administration de la justice du Duché, la surveillance des officiers de justice, le gouvernement des finances et la gestion du domaine du Prince. Mais Coquille était préparé à l'exercice de cette haute surintendance.

Il y avait en lui l'étoffe d'un administrateur. Les grands intérêts économiques avaient fixé son attention. A ce point de vue, comme en politique, Guy Coquille est un des hommes qui ont devancé leur siècle. Ainsi il déplore l'énormité des charges publiques qui rendent si précaire la situation de l'homme des champs ; il critique la multiplicité des offices qui enlève à l'agriculture et à l'industrie un grand nombre d'individus ; il s'élève contre les monopoles, les confréries de gens de métiers, parce qu'elles sont « contraires à la liberté du commerce » (1) ; il veut également l'abolition des maîtrises : « Seroit profit, dit-il, que tous mestiers fussent libres, sans maistrise » (2).

Ai-je besoin de dire, Messieurs, que dans son ad-

---

(1) *Commentaire de l'ordonnance de Blois*, art. 37.

(2) « Sous charge néanmoins de visitation, qui seroit faite par personnes choisies et jurées d'autre mestier approchant de l'art du mestier qu'ils visiteroient. » *Ibidem*, art. 359.

Sur le rôle du Tiers État au point de vue économique. V. *Histoire du pays et duché de Nivernois*, éd. de 1703, t. I, p. 429.

Sur l'industrie du Nivernais. V. *Ibidem*, p. 431.

ministration du duché de Nivernais, il est contraint
bien souvent à n'exprimer que des vœux? Je trouve, dans un Mémoire qu'il adresse au duc de Nevers, l'indication de quelques-unes des améliora-
tions qu'il réclame (1). C'est d'abord une répartition plus équitable des tailles, dont le Nivernais
est surchargé hors de toute proportion; l'abolition,
du moins en ce qui concerne la ville de Nevers, des
bordelages, l'une des causes auxquelles il attribue
la dépopulation du pays : le bordelage était une
tenure féodale, dans laquelle se trouvaient accu-
mulées contre le tenancier les rigueurs de toutes
les autres (2). Il engage le duc de Nevers à demander au Roi un édit qui détermine clairement la
compétence des juges royaux, et, pour assurer
l'exacte exécution des sentences judiciaires, il lui
conseille de choisir les officiers chargés de cette
mission, parmi les étrangers à la province.

C'est pendant l'administration de Coquille comme
Procureur fiscal, qu'eut lieu la Saint-Barthélemy.

---

(1) *Mémoire de ce qui est à faire pour le bien du Nivernois* (août
1573). — V. aussi *Histoire de Nivernois*, p. 428.

Coquille a laissé d'autres écrits en faveur de sa province : Ceux qui
ont été imprimés se trouvent dans le tome premier de l'édition de 1703.

(2) V. à cet égard le commentaire de la *Coutume de Nivernois*,
chap. VI. — Sur les inconvénients des bordelages. V. la fin du
du chap. VI ci-indiqué et l'*Histoire de Nivernois*, p. 430. — Cette tenure a été abolie au profit de la ville de Nevers et convertie en une
rente foncière, remboursable au denier vingt, par arrêts du Conseil du
Roi des 16 août 1577, 14 mai 1578 et 2 juillet 1579. — Un ou plusieurs
mémoires que Coquille remit à M. Marion, avocat, pour plaider, ne
nous sont pas parvenus.

A cette époque le duc de Nevers était à Paris, con-
seillant le meurtre des protestants. Nevers fut sau-
vée du massacre, grâce à l'attitude de Coquille :
Ce sera là son éternel honneur ! En promenant les
yeux autour de lui il a pu jeter ce cri de satisfaction :

Sed sola ferè, Urbs Nivernica clemens
Abstinuit miserâ et crudeli cæde suorum.
Nec favor hæreticis hoc præstitit : hæresis ipsa
Res. odiosa, odio semper fuit. Attamen ipsa
Mansuetudo, piique ducis prudentia, mentes
Sanavit, mundamque a labe hanc reddidit urbem (1).

D'autres provinces aussi ont été épargnées. Il faut
le dire bien haut pour notre honneur national : il
s'est trouvé des hommes pour résister aux ordres
du Roi. Messieurs, c'est un grand bonheur pour moi
de placer à côté de Guy Coquille le Président Jeannin. Jeannin était alors avocat au Parlement de
Bourgogne. A l'arrivée des messagers du Roi, le
Gouverneur de la province réunit son Conseil, il y
appelle notre confrère qui n'en fait pas partie. A
force de prudence, de circonspection, d'éloquence
même, Jeannin obtient que les ordres ne soient pas
exécutés.

Quels ont été les résultats de la Saint-Barthélemy,

_____

(1) *Annales laborum nostrorum.*

2

j'ai à peine besoin de le dire. Ils furent tout autres que ceux qu'on en espérait. La conscience publique se souleva au récit de tant d'horreurs, et tandis que les fanatiques s'enivraient de leur triomphe apparent, la Saint-Barthélemy avait pour effet immédiat d'unir dans un même esprit de résistance les catholiques modérés du Midi avec les protestants, et de provoquer la formation de ce noble parti des Politiques, dans lequel la robe a été si largement représentée.

Henri III monte sur le trône. Quelques mois après son sacre, il est contraint de traiter avec les protestants à des conditions inespérées pour eux. Il leur accorde le libre exercice de leur culte par toute la France, excepté Paris et la Cour ; des tribunaux mi-parties ; des villes de sûreté ; l'amnistie pour les proscrits ; une indemnité pour les fils des victimes du 24 août (1).

Grande colère des catholiques !

Une clameur immense s'élève contre le Roi : ce ne sont de tous côtés que pamphlets, chansons et caricatures. La convocation des Etats Généraux à Blois est impuissante à rallier les esprits autour de la royauté. La Ligue, qui vient à peine de se manifester au jour, est souveraine. C'est elle qui fait les élections : le mot d'ordre est « unité de religion. » Elle triomphe partout. Les Députés élus lui sont

---

(1) Paix de Monsieur, 6 mai 1576.

dévoués, à l'exception de quelques hommes qui représentent plus particulièrement l'esprit de la haute bourgeoisie : parmi eux, Guy Coquille, Jeannin, Bodin.

L'assemblée agite les questions les plus brûlantes (1). Certes, il y avait là matière à ces vigoureuses remontrances que Coquille adressa, dit-on, à ses collègues.

Les Ordres privilégiés votent résolument la guerre contre les protestants. Dans l'assemblée du Tiers-Etat, Bodin fait les efforts les plus courageux pour arrêter ses collègues sur cette pente dangereuse ; il ne parvient pas à obtenir que l'unité de religion soit votée *sans guerre*. Néanmoins, grâce à son énergie, le Tiers refuse les subsides nécessaires et entraîne les deux autres Ordres dans la résistance : la guerre devient impossible (2).

Une autre question passionne les esprits, celle de la réception des Décrets du Concile de Trente. Les Catholiques ardents insistent pour faire admettre purement et simplement par les Etats les décisions du Concile (3). Adopter cette proposition, c'eut été détruire les libertés de l'Eglise de France. Coquille proteste au nom de l'antique indépendance de l'Eglise Nationale. — Nous savons quelles sont ses

---

(1) Des 15 novembre et 6 décembre 1576 au 1er mars 1577.

(2) V. à la note B un incident rapporté par le duc de Nevers.

(3) V. *Dialogue sur les causes des misères de la France*, éd. de 1703, t. I, p. 237.

idées sur ce point délicat. Il distingue entre la partie doctrinale des Décrets du Concile de Trente et celle qui est relative à la police de l'Eglise. La première, il l'accepte : pour les questions de doctrine, il reconnaît la compétence du Concile. La seconde, il la repousse, ou tout au moins il ne l'accepte que sous la réserve des droits du Roi. Il invoque à cet égard les traditions anciennes d'après lesquelles les règles de police n'émanent que de l'Eglise nationale (1). Ces raisons ont paru victorieuses, puisque les Etats ont repoussé la proposition (2).

Coquille dit quelque part, à propos des Etats de Blois : « J'ai décrit par le menu tout ce qui a été fait « que j'ai pu connaître, et d'ailleurs j'ai fait mes « plaintes en vers latins de ce que j'ai vu qui ne « me plaisait pas. » Le journal ne nous a pas été transmis, mais les poésies ont été conservées. C'est là qu'il dépose toutes ses douleurs. Il accuse amèrement les partis de poursuivre la satisfaction

---

(1) V. notamment *Du Concile de Trente et de la réception et publication d'iceluy*, t. I, p. 253. — *Dialogue* sus-indiqué, p. 221 et suiv. — Et les *Traités des libertés de l'Église de France*, au tome Ier.

(2) Coquille a fait partie ainsi que Jeannin, de la commission des douze membres chargés par le Tiers État de procéder à la révision générale des cahiers. M. Picot, *Histoire des États-Généraux*, 1872, t. II, p. 338. — On lui a attribué la paternité d'un écrit, dirigé contre la Ligue, qui a circulé de mains en mains, sous la forme anonyme, au commencement de la session des États ; et connu sous le nom de *Traité du député du Tiers État*. Cette pièce a été conservée par M. de Blanchefort, député de la noblesse du Nivernais. Elle se trouve à là suite des *Mémoires du duc de Nevers*, Paris, 1665, t. I, p. 436.

de leurs passions au détriment des vrais intérêts de
la France. « La cause du peuple leur était confiée et
« ils l'ont trahie. — Et cependant l'occasion est
« unique, il faut agir. — A nos doléances sur l'énor-
« mité des charges publiques, on répond par de
« belles promesses, et on s'ingénie à couvrir de
« l'apparence de la légalité les innombrables arti-
« fices qu'on imagine chaque jour pour les aggra-
« ver (1). »

Ici (2) c'est au Roi lui-même qu'il fait ses plaintes. Dans cette page, toute frémissante d'indignation, Coquille fait apparaître un patriotisme élevé
et des idées de haute moralité ; on sent, au souffle
qui anime ses paroles, une âme vraiment émue. Il
flétrit la corruption, la bassesse de ceux qui, pour
quelques libéralités, acceptent volontiers la servi-
tude, « comme si des chaînes d'or n'étreignaient pas
« l'esclave aussi étroitement que des chaînes de fer.
« Qu'il soit donc libre, l'homme à qui Dieu a donné
« une âme libre! » Puis il rappelle au Roi qu'il
n'y a pas pour lui moins de gloire à recueillir
pendant la paix dans l'application exacte des lois,
que sur les champs de bataille, les armes à la main.
Il use de son droit à lui dire la vérité « pour lui

---

(1) V. notamment les pièces suivantes : *De conventu totius Fran-
ciæ*. Blois, 1576. — *Ad legatos provinciorum in eodem conventu*, janvier 1577. — *Ad fiscales fures*. Blois, février 1577. — V. aussi *Annales
laborum nostrorum*. — *Poésies*. Nevers, 1592.

(2) *Querimonia*. Blois, mars 1577, même volume.

« conseiller d'aimer son peuple comme un père ; de
« ne pas séparer ses intérêts de ceux de la nation
« entière ; de ne pas s'étudier à accroître arbitraire-
« ment les recettes de son fisc, de se contenter des
« tributs accoutumés. Il le conjure d'éloigrer les
« sangsues publiques, les mange-peuples et ces tei-
« gnes de Cour, qui ne savent que flatter et tromper
« leur maître, cueillir le butin sans combat ni bles-
« sure, charger le peuple d'impôts et attirer à soi
« toutes les grâces au détriment de ceux qui les ont
« réellement méritées (1) ! » Vaines remontrances !
Le temps était aux discordes civiles, Guy Coquille
retourne à ses études, l'âme pleine de tristesse.

C'est après les États de 1576 que Coquille se met
à écrire ses ouvrages de droit. Il avait environ cin-
quante-cinq ans : aucun d'eux n'était terminé
avant sa soixantième année. En 1582, le commentaire de la *Coutume de Nivernois*, ce grand œuvre
de sa vie de jurisconsulte n'était pas encore achevé.
Loisel en fit l'éloge en ces termes :

Cedite Romani scripturæ, cedite Galli.

Amoureux de tout ce qui avait un caractère national, Coquille y travailla avec une ardeur presque
patriotique. Pour lui notre vrai droit civil, c'est la

(1) Ce passage et la phrase précédente ont été traduits par le Procureur général Dupin ; ils se trouvent dans la notice sur Guy Coquille
que Dupin a placée en tête de son édition de la *Coutume de Nivernais*.
Paris, 1864.

Coutume : elle est l'expression de la volonté tacite du peuple des trois Ordres, à une époque où on est obligé de confier à la mémoire le dépôt des lois. Cette volonté s'est manifestée de nouveau, lorsque les Députés de chaque province se sont assemblés pour témoigner de la Coutume et en fixer le sens par écrit. « Les commissaires ordonnez par le Roy, « pour présider en ces assemblées d'Estats, les ont « autorisées, en y inspirant la puissance de loi. « Mais, en effet, c'est le Peuple qui fait la loi : Qui « est une marque de l'ancien établissement de cette « République françoise, mêlée de démocratie, aris- « tocratie et monarchie. Car faire loi est droit de « souveraineté : Qui n'est pas pour déroger à l'au- « torité et Majesté du Roy, auquel le Peuple fran- « çois a toujours mieux obéi que nulle autre nation « du monde : mais le peuple obéit plus volontiers « à la loi que lui-même a eu agréable. Puis chaque « province a ses mœurs et humeurs diverses ; et « partant, les loix, comme elles ne sont semblables, « aussi doivent-elles estre faites selon le goût et « sens de chaque Peuple. — Aussi la suprême sou- « veraineté du Roy y est reconnue en ce que les « Estats sont assemblez par l'autorité du Roy et « les commissaires députez par luy y président. « Doncques, nos coutumes sont notre vrai droit « civil (1). »

---

(1) Question I des *Questions, Réponses et Méditations sur les articles des Coutumes*, t. II.

Pour développer une loi si profondément natio-
tionale, il veut qu'on enseigne le droit des Coutumes dans les universités et que ceux qui se desti-
nent aux affaires ou aux fonctions judiciaires l'étu-
dient à l'égal du droit romain. Respectueux des
œuvres des Jurisconsultes de Rome, il les considère
comme des modèles ; il accepte le droit romain,
comme raison écrite, devant les tribunaux, mais
il répudie les controverses captieuses que les Doc-
teurs italiens y ont greffées : il veut qu'on fasse de
l'interprétation des lois autre chose qu'une « offi-
« cine de subtilitez et de rigueurs (1). »

Ce n'est pas seulement par le commentaire de la
Coutume de Nivernais, que Coquille s'efforce d'as-
seoir le droit coutumier. Il écrit l'*Institution au
droit François*, et les *Questions sur les Coutumes* au
moment même où Loisel compose les *Institutes Coutumières* (2). Le premier de ces ouvrages est un
tableau sommaire du droit Coutumier tout entier,
le second est le complément de l'esquisse par des
développements sur les parties qui sont restées dans
l'ombre. Par un singulier hasard, l'Institution au
droit des Français et les Institutes coutumières,
sorties de la plume de Jurisconsultes différents, ont
été publiées dans le même volume, quelques années

---

(1) *Eod. loco.*

(2) Ces ouvrages on été composés en même temps ; ils ont été ter-
minés, le premier vers 1586 ; le second, vers 1585.

après la mort de Coquille (1). Leurs titres disent
assez qu'elles sont nées de la même pensée, ce sont
des œuvres de généralisation.

Messieurs, Je ne veux pas m'arrêter davantage
à des ouvrages qui n'ont plus qu'un intérêt historique (2), mais je tiens à dire que la lecture en
est facile ; les principes y sont clairement exposés,
les déductions amenées avec un rare bon sens.
J'ajoute que les développements sont substantiels
et que souvent ils sont dégagés des digressions
inutiles et de la lourde érudition, si en faveur chez
les Jurisconsultes de cette époque.

Coquille en est là de ses études, en 1588, lorsque
les malheurs du temps le rappellent à la vie publique. Henri III, de plus en plus impopulaire, est
accusé de mollesse à l'égard des protestants. Le
peuple de Paris fait contre lui la Journée des Barri-
cades. La reconnaissance de la Ligue, le serment de
ne déposer les armes qu'après la destruction de
l'hérésie, la proclamation de l'indignité au trône
d'un prétendant huguenot (3), ne désarment pas les
fanatiques. Les Elections, promises par le Roi,

(1) En 1607, par G. Joly, compatriote, ami de Coquille et gendre de
Loisel.
(2) Guy Coquille a laissé aussi quelques mémoires de droit civil et
de droit canon, qui n'ont pas été publiés. Il paraît que ses contemporains lui attribuaient en outre un autre commentaire de la Coutume et
un style de Nivernais portant la date de 1598.
(3) Edit. d'Union, 1er juillet 1588.

envoient aux Etats une majorité énorme de ligueurs :
Ce ne sont plus les catholiques de 1586, ce sont les
intransigeants du parti. Les Députés, hommes
presque tous inconnus, sortant d'un milieu plein
de fermentation, arrivent à Blois, avec l'intention
de mettre en tutelle la Royauté, en lui imposant
la prédominance des Etats (1). Les hommes de
sens et de modération étaient comme égarés dans
cette assemblée : aussi qu'y fit-on ? On n'a pas
cherché à détruire le mal dans sa racine, dit tris-
tement Coquille, on n'a rien fait (2).

Les Etats se séparent quelques jours après le
meurtre du duc de Guise : c'était la guerre entre
la Ligue et le Roi.

Est-il nécessaire de dire que Coquille n'entra
jamais dans la Ligue ? Son patriotisme éclairé l'a
préservé de cette faute que n'ont pas su éviter tous
les grands hommes du temps (3). Sans doute

---

(1) La session a duré des 16 septembre, 3 et 16 octobre 1588 au
16 janvier 1589. — Montaigne était venu à Blois pour suivre de plus
près les délibérations des États : Coquille a pu l'y rencontrer.

(2) « Au cahier général du Tiers État dressé aux États-Généraux de
l'an 1588, il y a un article exprès à cet effet (la juste répartition des
tailles), qui est au chapitre des finances, lequel, je, Guy Coquille, eus
charge de dresser. » — *Histoire du pays et duché de Nivernois*, p. 428.

(3) La ville de Nevers est restée fidèle au parti du Roi : v. *l'Histoire du Nivernais*, p. 441. — Quant au duc de Nevers il n'a appartenu
à la ligue que pendant quelques mois : il s'en est séparé aussitôt
après en avoir pénétré le secret.

l'erreur était possible. Les catholiques sincères voyaient avec effroi l'hérésie grandir, malgré les défaites de ses partisans sur les champs de bataille, et le trône échoir à un prince de la réforme. Mais s'il faut excuser la faiblesse de ceux que dominèrent les passions de leur époque, quels honneurs ne devons-nous pas aux hommes qui prononçaient pendant la tempête le mot de liberté de conscience !

Coquille ne restait pas indifférent, au milieu des querelles religieuses. Il désirait ardemment la destruction de l'hérésie et demandait au clergé de la combattre, à l'aide de ses armes naturelles, par la prière et par l'exemple d'une vie régulière. Lhospital avait dit, quelques années auparavant : « Qu'est il besoin de tant de bûchers et de tortu- « res ?..... Il nous faut garnir de vertus et de bonnes « mœurs, et puis après, assaillir les hérésies avec « les armes de charité, prières, persuasions et pa- « roles de Dieu, qui sont propres à tels combats ! » Coquille ne tenait pas un autre langage ; je le déclare bien haut, jamais il n'excusa les guerres religieuses. Pendant ces longues années de discordes civiles, il s'élève pour ainsi dire, au-dessus de son époque, il l'embrasse du regard. et cherche à découvrir quelles sont les causes des malheurs de la France (1). Il les distingue avec une netteté de

_____

(1) V. notamment la pièce intitulée : *Que les maux de la France pendant la ligue venoient faute de réformation, principalement de l'Estat Ecclésiastique.* (Fin de 1591 probablement.) Ed. de 1703, t. 1, p. 264.

vue admirable : c'est l'établissement du Concordat
de 1517, qui, en attribuant au Roi la nomination
aux dignités ecclésiastiques, lui a permis de les
conférer à des hommes manquant de l'esprit de
religieux et pasteurs mercenaires ; — ce sont les
guerres d'Italie, qui ont appauvri le royaume ; —
les manœuvres des Grands, qui ont créé les divisions et préparé les esprits à la guerre civile. Il décrit, avec une remarquable finesse de plume, les
intrigues de la Cour de Henri II, Montmorency,
les Guise, recherchant l'alliance de Diane, pour
s'assurer la faveur du Roi ; leurs agissements pour
s'évincer les uns les autres ; la dispute du pouvoir entre les Guise et les Princes du sang ; la politique astucieuse de Marie de Médicis. « Je ra-
« mentevrois aussi le règne du Roy Henri II, qui,
« estant bon prince et facile, estoit gouverné et
« manié par trois personnes, dont Brusquet prit
« occasion de dire en riant qu'il estoit logené Cour,
« à l'auberge des trois Rois. De ces trois, l'un te-
« noit le premier rang, et les deux autres, par le
« moyen d'*elle* et des alliances qu'ils pourchassè-
« rent en sa maison, essayoient de gagner les pre-
« miers degrez de faveur : tous deux, de vray,
« grands Capitaines, et méritans de hautes et gran-
« des récompenses. Mais estans tous deux compé-
« titeurs pour avoir le premier rang en cette faveur,
« entrèrent en jalousie, et lorsqu'il y avoit un pro-
« jet fait pour éloigner l'un des deux, la mort ino-
« pinée du dit Roy Henry arriva, et celuy qu'on

« pensoit éloigné, par ce nouveau règne se trouva
« le plus prochain de la faveur (1). Les Princes du
« sang royal, mécontens du peu de respect qu'ils
« estimoient leur être porté au maniement des
« affaires auprès d'un jeune roy, d'autre part en-
« trèrent en mécontentement : et en cet endroit
« fut la source des divisions et partis, qui furent
« faits par la voye des armes au fait de la religion :
« qui depuis se sont entretenus, et sont encore en
« opinion qu'à escient on a laissé en vigueur les
« deux partis, pour, selon qu'il arrive ès guerres
« civiles, faire aller par terre les plus généreux et
« gailards guerriers et venir à chef du reste. Ces
« divisions ont engendré les maux ès quels nous
« sommes, *par apparence*. Mais en effet les maux
« que nous avons, viennent du grand dérèglement
« qui a été et est en l'église ; du mauvais conseil
« que les Rois ont eu, avec lequel la Justice a été
« profanée, la Noblesse affoiblie, et le peuple du
« Tiers-Estat opprimé en telle sorte que bien à
« peine lui reste le soupir pour se plaindre. Le
« corps politique de ce royaume, s'estant dès long-
« temps remply de toutes les mauvaises humeurs
« que chacun Ordre a pris plaisir d'entretenir et
« accroistre ; enfin, cette grande, violente et fu-
« rieuse maladie de la guerre civile est saillie, qui
« a tellement travaillé et affoibli ce pauvre corps

---

(1) Le duc de Guise, par le mariage de sa nièce, Marie Stuart avec
François II.

« qu'il semble estre prêt de rendre les abbois. Et la
« pluspart de ceux que l'on estimз avoir le pouvoir
« de le guérir, ne se soucient pas d'y chercher les
« vrais remèdes (1). » Puis en faisant la part de
chacun des trois Ordres dans les malheurs publics,
il reproche aux gens d'Eglise de négliger l'accom-
plissement de leurs devoirs, de souffler la discorde,
au lieu de prêcher la paix et la conversion des
hérétiques ; il en appelle au témoignage de l'histoire, pour montrer que les guerres, nées de pré-
textes religieux, n'ont jamais servi au développe-
ment de la foi.

Ce n'était pas assez pour Coquille d'apercevoir
la vérité. Il faisait mieux. Il la dénonçait au grand
jour, cherchant à ramener les esprits à l'appréciation exacte de la situation : son *Dialogue sur les
misères de la France* est le tableau, aux vives cou-
leurs, de l'état du royaume pendant la ligue, c'est
en même temps la définition historique des partis
qui se trouvaient en présence (2). Je ne résiste pas
au désir de m'y arrêter, dussé-je tomber dans des
redites.

Trois interlocuteurs sont en scène : le palatin,
c'est l'homme de Cour ; le catholique zélé, le ligueur ;
le catholique ancien, l'homme de raison, Guy
Coquille lui-même. Le catholique ancien prend la

---

(1) *Ibidem*, p. 264.
(2) Ce Dialogue est de 1590, t. I, p. 214. La lecture en est fort inté-
ressante, au double point de vue historique et littéraire.

parole le premier : « Nous venons tous trois de la
« messe et nous avons accoustumé de communi-
« quer aux sacremens de notre mère sainte Eglise
« par les mains d'un même Curé ; et toutefois nous
« ne convenons pas en même opinion sur les diffi-
« cultez qui se présentent aujourd'hui au fait de la
« religion. J'en suis en grande perplexité... »

La question ainsi posée, chacun des personnages
apporte dans la conversation ses idées particulières.
Le catholique zélé réclame l'extermination des hérétiques par les armes. Le catholique ancien sou-
haite la destruction de l'hérésie, mais il répudie
l'emploi des moyens violents ; il faut s'appliquer
d'abord à réformer les abus qui l'ont fait naître. Il
explique à ses interlocuteurs quelles sont, d'après
lui, les causes des discordes actuelles ; son langage
est modeste, prudent ; il y met des formes : « Le
« voisinage et l'amitié nous commandent de nous
« supporter les uns les autres avec douceur et cour-
« toisie, sans nous mettre en colère, je diray donc
« avec vostre permission mon advis sur la nais-
« sance des troubles et des guerres civiles, et vous
« verrez que la Religion n'est pas la vraye cause de
« ces guerres ; et peut-estre que le discours que j'en
« feray vous fera croire que ce grand changement
« que nous avons veu paraistre tout à coup, comme
« la sagette de la foudre, ne vient pas pour le fait
« de la Religion, mais qu'il y a un mélange de
« l'intérest des Grands, de l'intérest des Ecclé-
« siastiques pour leurs aises et commoditez, et de

« l'intérest du peuple, auquel la patience est échap-
« pée après avoir enduré tant de maux et si indi-
« gnement. Et peut-estre aussi qu'il y a quelque
« chose de meslé des Princes étrangers, parce que
« si cette monarchie se défait d'elle-même avec ses
« propres forces, les seigneurs voisins, tous frais
« et reposez, auront meilleurs moyens de l'envahir,
« ce qu'ils ne pourroient, cet Etat demeurant en
« son entier. »

Le catholique ancien reprend chacune de ses
idées, insistant douloureusement sur l'oppression
du peuple, et la dilapidation des deniers publics,
dénonçant les membres du Conseil qui ne crai-
gnent pas d'accepter des « pots de vin. » Son cœur
déborde d'indignation. « Vrayment, la véhémence
« que j'ay du mal du peuple m'a tiré si avant, et
« je n'avois projetté d'estre si long. Je suis homme,
« et tout ce qui appartient aux hommes semblables
« à moy, me touche et me perce le cœur, comme si
« je le sentois en ma propre personne... »

Le Palatin conclut en proposant de reconnaître
les droits de Henri de Navarre et Coquille exprime
le vœu de le voir rentrer au sein de l'Eglise. J'ajoute
que ce dernier estimait déjà à leur juste valeur les
éminentes qualités du prétendant et qu'il s'est
plu à tracer de lui, en quelques traits de plume, des
portraits d'une ressemblance parfaite (1).

---

(1) V. notamment *Discours des droits ecclésiastiques et libertez de
l'Église de France*, t. I, p. 186.

C'est ainsi que Coquille combattait les desseins de la Ligue. Son Dialogue s'était répandu dans le public (1), quelques contemporains en avaient gardé copie : ils s'estimaient heureux que Coquille dépassant en cela les intentions du catholique ancien, eut pris la peine de fixer ses idées par écrit, sur de bon parchemin. — On a quelquefois comparé ce dialogue au Dialogue de Loisel sur les avocats. La comparaison est difficile en raison de la diversité des sujets, mais la pièce de Guy Coquille est certainement l'une des meilleures pages des Jurisconsultes du seizième siècle.

La guerre civile continue. Le Pape lui-même se jette dans la mêlée, en prononçant l'excommunication plénière des partisans de Henri IV. Coquille se trouve enveloppé dans cet anathème ; mais il n'est pas homme à s'incliner sans s'informer au préalable de la validité de la sentence. Il procède donc à l'examen de la bulle et acquiert bientôt la conviction que le Pape a outrepassé les pouvoirs que lui attribuent les Canons de l'Eglise. Il interjette appel au concile œcuménique et pour soutenir cet appel, tout en protestant de sa soumission au souverain Pontife (2), il écrit un *Discours sur les raisons et moyens d'abus contre les bulles*

(1) V. Préface de l'édition de 1650.
(2) V. les belles paroles de Coquille à ce sujet, note C.

décernées par le Pape Grégoire XIV. Je vous fais
grâce, Messieurs, de la discussion historique, à
l'aide de laquelle Coquille établit qu'on doit tenir
pour nulle et non avenue l'excommunication pro-
noncée contre des Français, dont le seul tort est de
demeurer les sujets obéissants d'un prince légitime.
J'aime mieux vous dire qu'il devint, pour la cir-
constance le directeur d'une grande dame (1) : c'est à
lui que la duchesse de Nevers s'adressa afin d'éclai-
rer sa conscience ; il fit pour elle un second discours sur la matière et la princesse resta fidèle au
parti de Henri IV.

Les Questions ecclésiastiques étaient familières à
Coquille comme à la plupart des jurisconsultes du
seizième siècle. Les libertés de l'Eglise de France
faisaient déjà l'objet de discussions passionnées :
quelques-uns les traitaient de chimères, d'autres
ne les connaissaient pas. Comme Pithou, Coquille
avait été frappé de cette ignorance sur une question qui intéresse notre droit public : il écrivit alors
son traité fameux des *Libertés de l'Eglise.* C'était
l'époque où Pithou les réduisait en articles de loi (2).
Ces libertés ne constituent pas des priviléges par-
ticuliers à l'Eglise de France, ce sont les droits pri-

---

(1) *Discours sur la vie et les œuvres de Mc Guy Coquille,* en-tête de
l'édition de 1703.

(2. En 1594. Le grand Traité de Coquille sur les libertés de l'Église
de France a été égaré pendant la première partie du dix-septième
siècle, il n'a été retrouvé qu'en 1656. Mais en réalité ses œuvres con-
tiennent trois traités sur la matière, t. I, p. 75 et suivantes.

mitivement accordés à chacune des Eglises natio-
les et que la tradition nous a transmis : telle est la
doctrine exposée dans l'ouvrage de Coquille.

A cette époque, Messieurs, tout le monde récla-
mait un concile. On voulait un concile œcuménique, pour réformer l'Eglise « tant au chef qu'aux
membres, » ou tout au moins un concile national,
pour rétablir la discipline dans l'Eglise de France.
C'est dans l'attente de ce concile que Coquille a
com`osé ses *Mémoires pour la réformation de l'Es-
tat ecclésiastique* (1). Vous n'attendez pas de moi
que je fasse l'énumération des réformes demandées
par lui, ni que je formule une appréciation sur la
valeur de ses propositions ; moins éclairé que nos
anciens, j'avoue humblement mon incompétence.
Cependant je puis me permettre de vous dire, en
quelques mots, comment notre confrère entendait
le gouvernement de l'Eglise.

Tout d'abord il proteste contre l'absolutisme du
Pontife de Rome. Pour lui, le Pape n'est pas le
chef monarchique de l'Eglise : c'est un chef entouré
d'une aristocratie et son gouvernement est aristo-
cratique (2). Il veut même en faire une sorte de souverain constitutionnel. « Selon les anciens décrets,

(1) En 1592.

(1) *Mémoires pour la réformation*, t. 1, p. 4. — Ailleurs Coquille
s'exprime ainsi : « Le Pape n'est pas pardessus le Concile. » Sur la
question de la soumission du Pape aux décisions du Concile pour ce
qui concerne la foi et la réformation de l'Eglise, tant au chef qu'aux
membres, V. de nombreux passages et notamment *Dialogue*, p. 224 ;
Devis, p. 199 ; *Mémoires*, p. 16 ; *Libertés*, p. 114 et 80..., etc., etc.

dit-il, la puissance souveraine du Pape est puissance
réglée et non pas puissance absolue » (1). Aussi de-
mande-t-il un concile général tous les dix ans : le
Pape devra s'incliner devant ses décisions (2). Dans
l'intervalle des sessions, les affaires seront soumi-
ses à un conseil que présidera le Pape. Ce conseil
dont Coquille propose l'institution, sera composé
d'Ecclésiastiques appartenant en nombre égal à
chacune des quatre ou cinq principales nations
chrétiennes ; ils pourront prendre le nom de Cardinaux ; le conseil statuera à la pluralité des voix (3).
A défaut de conseil, les affaires seront délibérées au
consistoire ordinaire, mais les Cardinaux devront
être pris en même nombre dans chaque nation et
nommés par les Evêques (4). Quant au Pape. il sera
élu par une assemblée composée des Evêques délé-
gués des principales nations catholiques et des Car-
dinaux-Evêques de l'Eglise de Rome ; de plus, il sera
choisi tour à tour dans chacune de ces nations (5).

Messieurs, j'ai cru devoir vous faire connaître les
idées de Guy Coquille sur le gouvernement de

---

(1) *Des entreprises du Pape et du Légat qui estoit en France pour la Ligue.* (pièce antérieure à 1595), t. I, p. 261.

(2) *Mémoires pour la Réformation*, p. 14. — Qu'il y ait ou non Concile général, Coquille réclame, pour la France, la réunion périodique d'un Concile national. *Ibidem*, p. 30.

(3) *Devis*, p. 200 ; *Mdmoires*, p. 4.

(4) *Mémoires*, p. 15 et 16.

(5) *Ibidem*, p. 13 et 14

l'Eglise, pour vous montrer quelle est la tendance constitutionnelle de son esprit. Sa vie est une lutte de tous les instants contre l'absolutisme et l'arbitraire. Dans l'ordre politique, comme dans l'ordre religieux il cherche à réagir contre les prétentions à la toute puissance.

De toutes les formes de gouvernement, c'est la monarchie qu'il préfére. Il ne se dissimule pas les inconvénients qui peuvent résulter du gouvernement d'un seul, mais pour lui les vertus se transmettent comme un patrimoine d'honneur : quand le Roi est de race généreuse on doit présumer qu'il ne sera pas indigne de ses aïeux (1).

La puissance du Roi a des limites. Cette idée revient sans cesse sous sa plume. Coquille ne pardonne pas à Louis XI d'avoir mis les Rois de France hors de page et à François Ier de l'avoir dit : « L'ex- « périence a fait connoître que de cette façon de « gouverner, sont advenues plusieurs incommo- « ditez et inconvéniens (2). »

Les conseillers nés du Roi sont les Princes du sang, les Pairs et les grands officiers de la Couronne. A côté d'eux, se placent les Seigneurs, pour don-

---

(1) *Histoire de Nivernois*, p. 333, 334.

(2) *Discours des Estats de France et du droit que le duché de Niver- nois a en iceux*. (Blois, 1588), p. 280. — V. *Histoire de Nivernois*, p. 444 et suiv., 343.

ner au Roi d'utiles avertissements et protéger leurs sujets contre l'oppression (1).

Si Coquille a foi en la race, il est trop *judicieux* pour ne pas reconnaître que les intérêts du peuple sont souvent trahis par les Grands ; aussi n'hésite-t-il pas à proclamer les Députés aux États « meil-« leurs conseillers (2). » Il y avait quelque mérite à le dire, car on refusait déjà ce rôle modeste de conseillers aux Élus du pays.

Il va sans dire que Coquille considère comme indispensable la convocation fréquente des États : pour lui c'est l'arche sainte du gouvernement (3). Cependant il ne faut pas exagérer sa pensée. Il ne prétend pas à une part du gouvernement pour les États-Généraux. Non, c'est le Roi qui gouverne, et quand le Roi daigne s'ouvrir à son peuple et lui communiquer ses affaires il lui fait grand honneur (4). — Aussi bien, c'est le peuple qui a fait les rois, et c'est en cela que leurs pouvoirs sont « légitimes (5). » Sans doute l'institution de la royauté

---

(1) *Histoire de Nivernois*, p. 337-343. — *Discours des Estats*, p. 276.

(2) *Discours des Estats*, p. 276 et suiv. — *Histoire de Nivernois*, p. 444.

(3) La convocation des États « tant Généraux de France que par-« ticuliers ès-provinces, remarque l'*ancienne honneste liberté du* « *peuple* auprès de son Roy.... » — *Histoire de Nivernois*, p. 444.

(4) *Discours des Estats*, p. 276.

(5) *Institution au droit des François*, p. 1. — Ne pas oublier que dans le langage de Guy Coquille, le mot *peuple* indique la représentation du pays aux États-Généraux, telle qu'elle était organisée sous la monarchie, mais il n'en pose pas moins le principe de la souveraineté de la nation. Comp. *Discours des Estats*, p. 281.

est autorisée de Dieu, puisque Dieu inspire aux
sujets la volonté d'obéir aux rois, mais (1) « dès le
commencement c'est le peuple qui a établi les Rois,
« comme par voie de compromis, pour éviter la
« confusion qui seroit si en chacune affaire d'im-
« portance, il faloit chercher l'advis de tous pour
« délibérer et conclure. » Partant de cette idée,
Guy Coquille accorde aux États-Généraux le droit
de disposer de la couronne, lorsque le Roi en est
indigne ou lorsque le trône est en litige entre deux
prétendants (2).

Le peuple fait la loi par la voie des États, parce
que « faire loy est droit de souveraineté. » Le pouvoir royal intervient pour donner à la loi, par le
moyen de la sanction, « sa vie extérieure (3). » Le
Roi a le pouvoir de faire des lois et des ordonnances
pour la police du royaume, mais pour être obliga-
toires, elles doivent être vérifiées en parlement. De
plus, les lois qui émanent des États-Généraux ne
peuvent être abrogées par le Prince, de sa seule volonté et en vertu de son bon plaisir (4). Coquille

---

(1) *Question I.* — C'est en 1573 qu'Hotman publie à Genève, sa célèbre
Franco-Gallia; il soutient que le pouvoir absolu est une usurpation
et qu'à l'origine l'autorité résidait dans l'assemblée des Francs.— C'est
en 1576 à Paris que paraissent les *Six Livres de la République*, de
Bodin.

(2) *Histoire de Nivernois*, p. 445. — *Discours des Estats*, p. 277 et 280.

(3) Qu'en fait d'Estats, *les Gouvernemens.....* (1588 ?), p. 286. — *Discours des Estats*, p. 260. — *Question I.*

(4) C'est la doctrine des États de Blois. — V. *Institution au droit
des François*, p. 2.

avoue cependant que parfois on s'est passé du consentement des États. Il convient aussi que les lois les plus importantes de son époque soient faites par le Roi en ses États.

Enfin, c'est aux Élus de la nation qu'est réservé le vote des tailles et des subsides. Bienheureuses, s'écrie Coquille, les provinces qui ont conservé le droit de voter les aides qu'elles doivent au Prince (1)!

Voilà quel était le système de Coquille en fait de gouvernement. Il l'avait tiré d'un grand fond de philosophie, et, lorsqu'on voit un publiciste du seizième siècle jeter ainsi les bases des Constitutions modernes, on n'est plus étonné de l'entendre proclamer qu'en dépit des distinctions sociales, les hommes sont égaux et que leur volonté est libre (2)!

D'autres écrits nous restent de lui : un Commentaire de l'Ordonnance de Blois, une Histoire du Nivernais, des Mémoires pour sa province, des pièces politiques (3). Tous sont conçus dans le même esprit, l'amour de l'ordre, la défense de la dignité hu-

---

(1) La Bourgogne notamment pour les *fouaiges* —Cette douloureuse question de l'impôt revient fréquemment sous la plume de Coquille.— V. *Institution aa droit des François*, p. 7. — *Histoire de Nivernois.* p. 428. — *Discours des Estats*, p. 279. — *Dialogue*, p. 230, etc., etc.

(2) V. les paroles de Coquille à la note D.

(3) Notamment le *Devis entre un citoyen de Nevers et un citoyen de Paris* (1593) dirigé contre la Ligue.

maine (1). Plusieurs de ses ouvrages avaient passé de mains en mains : on l'engageait instamment à en faire part au public, il s'y refusa : corrigeant, amendant sans cesse ses écrits, jamais il ne les crut dignes de la publicité... Il n'y a que ses poésies latines qui, grâce aux sollicitations de l'évêque de Nevers aient été imprimées de son vivant. Coquille avait perdu successivement trois femmes. Dans ses jours de douleurs, seul au foyer domestique, il aimait à relire les psaumes de David. Il en fit une traduction en vers latins qu'il communiqua à l'évêque. Celui-ci en fut enchanté ; il lui demanda, au nom de ses sentiments religieux, de la donner au public. Coquille y consentit, et ajouta aux psaumes la paraphrase de quelques autres prières de l'Église.

Indépendamment des poésies religieuses, morales et politiques, Coquille a laissé un assez grand nombre de pièces en vers latins sur des sujets variés. Il a fait le récit des principaux événements de sa vie, la traduction du neuvième livre de l'Odyssée, des épigrammes dont le tour est vif, et quelques poésies légères, œuvres de jeunesse, qui ne manquent ni de gaieté ni d'esprit (2).

---

(1) V. le catalogue des œuvres de Maistre Guy Coquille au tome premier de l'édition de 1703.

(2) Ces poésies, y compris les *Annales laborum nostrorum*, forment 2 petits volumes, qui ont été publiés à Nevers en 1590 et 1592, sous le titre de *Guidonis Conchylii Romenœi Nivernensis poemata*.

Ainsi s'est écoulée la vie de Guy Coquille, au milieu d'un travail incessant (1). Il était rentré au barreau pendant les rares loisirs que lui laissaient les diverses charges qu'il a occupées. Sa renommée avait bien vite franchi les étroites limites du duché de Nivernais. Paris ne l'avait pas oublié et il est arrivé plus d'une fois à ses anciens confrères de le consulter sur une affaire difficile ou de lui demander des conclusions (2). Quelle fût leur condition sociale, ses clients trouvaient chez lui un accueil également bienveillant ; les moins fortunés, il les soutenait de ses conseils et de sa bourse. Sa générosité ne s'arrêtait pas là : il prélevait la dîme sur ses honoraires, pour la distribuer aux malheureux.

Malgré ses libéralités de tous les jours, Coquille avait acquis au barreau une certaine fortune ; elle lui a servi à faire le bien. Ses contemporains nous le montrent, aimant à découvrir le besoin et à y satisfaire, empressé à faciliter aux jeunes gens leur apprentissage et aux jeunes filles leur établissement.

Plus heureux que Lhospital, Coquille a vu le

---

(1) J'ajoute qu'il a été bailli de la justice de Thienges, dans le Nivernais. (V. son commentaire sur les *Coutumes*, chap. XVII, art. 14.) — Ami de la plupart des hommes célèbres de son époque, Coquille s'est lié à Blois, en 1576, avec M. Nicolaï, premier président de la Chambre des Comptes de Paris, chargé d'exposer aux députés la situation financière de la France. Il aurait été également, parait-il, en correspondance avec le chancelier Bacon et avec Marguerite de Navarre, première femme de Henri IV.

(2) Loisel, *Opuscules*, p. 618.

paix rétablie en France et la liberté de conscience
proclamée par Henri IV. Ce prince, voulant s'assurer les conseils d'un homme aussi éclairé et ré-
compenser un dévouement si désintéressé à sa
cause, l'appela au Conseil d'État. Coquille refusa à
Henri IV, comme il avait refusé à Orléans au chancelier de Lhospital, la haute magistrature qui lui
était offerte ; il préféra aux honneurs ses livres, sa
famille, ses amis. Son esprit conserva, jusqu'à la
dernière heure, cette merveilleuse limpidité qui
donne tant de charme à la lecture de ses écrits. Il
achevait de revoir pour la troisième fois, l'histoire
du Nivernais, lorsque la mort vint le surprendre
le 11 mars 1603. Il avait 80 ans. Quelques vers sur
un parchemin, œuvre de la piété de ses amis, ce
fut son oraison funèbre (1).

Messieurs, au début de cette étude, je me suis pro-
mis d'être vrai. Dans les actes de Guy Coquille, à
travers ses écrits, j'ai voulu vous montrer l'homme
lui-même. Après avoir fidélement rempli ma tâche,
je m'aperçois que j'ai fait son éloge : c'est que la vie
de Coquille est pure de toute faute, exempte de
toute faiblesse. Il a su traverser des temps difficiles
sans faillir. Homme politique, il n'a jamais sacrifié
l'intérêt supérieur de la France aux passions des

---

(1) En 1849, une statue a été élevée à Guy Coquille sur la place publique de Decize.

partis ; écrivain, jurisconsulte, il a constamment défendu le droit ; avocat, il a honoré notre profession par la dignité de son caractère. J'ai pensé ne pouvoir faire mieux que de retracer, dans notre première séance de l'année, la vie d'un homme qui se résume en deux mots : travail et patriotisme.

NOTES

Note A.

Parmi les pièces de Guy Coquille qui ne nous ont pas été conservées, se trouvent les suivantes :

Petit journal des Estats d'Orléans de l'année 1560.

Extrait sommaire du cayer présenté au Roy par aucuns de la Noblesse ès Estats tenus à Orléans en décembre et janvier 1560, (janvier 1561 d'après la chronologie actuelle.)

Sommaire du cayer général du Tiers Estat de France fourni par devers le Roy ès Estats tenus à Orléans en janvier 1560.

Quelques autres petits mémoires touchant lesdits Estats d'Orléans.

Mémoires des Estats de Moulins de l'an 1566. (Coquille n'a pas assisté à ces Estats.)

Quelques Actes et Mémoires des Estats de Blois de l'an 1577.

Petit journal des Estats de Blois de l'an 1588; dont il faut rapprocher l'Estat en bref des affaires du Roy pour les finances, apporté par Monsieur le Maréchal de Retz le samedy 31 décembre 1588,

Extrait sommaire du cayer du Tiers Estat de France ès Estats généraux de Blois 1588, présenté au Roy le mercredy 4ᵉ jour de janvier 1589.

Ces extraits et mémoires n'ont pas été compris dans l'édition de 1703 : « Etant des matières d'Estats qui sont

au-dessus de la portée de notre jugement, » dit l'éditeur.
Il ajoute que, grâce à la sagesse du Roi, les avis que ren-
ferment ces mémoires « ne sont pas à présent de saison »
mais « qu'ils seront toujours prêts pour servir au Roy et
à l'Estat, quand il plaira à ceux qui appliquent leurs soins
et leurs travaux à seconder ses bonnes intentions, d'en
prendre connaissance. » Depuis ils ont été égarés.

Note B.

Le Roi, voyant ses demandes d'argent successivement
repoussées par les Etats, finit par réclamer l'autorisation
d'aliéner une partie du domaine. Le duc de Nevers, qui
appartenait au parti catholique, était à Blois. Il engage les
députés du Tiers Etat de sa province « à faire une belle
« déclaration à leur assemblée, pour offrir tout ce qu'ils
« auront au Roy, » afin de faire la guerre aux hérétiques,
Le Tiers Etat refuse l'autorisation demandée. Le duc de
Nevers s'écrie que les députés du Tiers-Etat de Nivernais
« offrent tous leurs biens et vies et spécialement telles sommes qu'il plaira à sa Majesté les cottiser. » « Les députés
du Tiers Estat, ajoute le Duc dans son récit, ont voulu dire
qu'ils ne savoient rien de cela, mais j'ai pris Monsieur
Gassier pour témoin qui a dit qu'il est vrai.... » — Les députés Nivernistes étaient Guy Coquille et Martin Roy. —
Cela n'indique-t-il pas qu'après avoir écouté respectueu-
sement leur Prince et malgré leur déférence pour lui, ils
n'ont pas voulu faire à leur assemblée « la belle déclaration » qu'il leur demandait? (*Journal des premiers Estats
tenus à Blois, le Roy Henri III y estant, l'an 1576* **par
M. le Duc de Nevers.** — Voir 1 et 11 mars 1577.)

Note C.

Discours des droits Ecclésiastiques... T. 1, p. 181.

« .... Je proteste devant Dieu qui est le témoin du
« secret de mes pensées et juge de ma conscience, que ce
« que j'ay dit ci-dessus n'est pour aucunement déroger à
« la dignité du Saint-Siège Apostolique Romain, auquel je
« dois porter et porte volontiers tout hommage et obéis-
« sance : mais pour me confirmer en l'opinion que chacun
« chrétien doit avoir que le vice du ministre ne défigure et
« n'ôte l'efficace du ministère, et que pour cause des mau-
« vais Pasteurs, l'Eglise ne laisse pas d'être l'épouse im-
« maculée de Jésus-Christ, sans tache ny ride, qui ne perd
« pas sa beauté, pour avoir acquis quelque noirceur sur
« les beaux traits de son visage.... Mais puisqu'il a plu à
« Dieu de donner aux hommes sens et entendement pour
« juger, même pour apprendre par les Chrétiens les règles
« certaines, par lesquelles nous pouvons connoitre ce qui est
« bien ou mal fait, et ce qui plait à Dieu ou luy déplait, je
« croy que ce n'est péché de reconnoitre et dire être mal ce
« qui est mal, et le détester, et que la dignité, tant soit-elle
« haute, ne nous doit empêcher de dire la vérité...... »

Note D.

Question CCCXI : *Que les grands seigneurs sont sujets de leurs sujets.*

« Tous hommes, en ce qui est de nature et naissance,
« sont de pareille condition, les enfants des Rois et autres
« Grands naissent avec douleur de la mère, avec besoin

« d'aide d'autrui, jusques à ce qu'ils soient grands, et avec
« les autres incommoditez auxquelles les enfants des
« hommes sont sujets, autant des riches que des pauvres.

« . . . .

« .... Ainsi dès notre naissance, nature nous enseigne que
« tous les hommes ont affaire les uns des autres, et qu'il
« est nécessaire qu'il y ait société et amitié des uns envers
« les autres et cet enseignement se continue en tout le
« reste de notre vie. Qui fait que les Rois et autres Grands
« doivent penser qu'ils ne sont pas grands d'eux mêmes,
« ni en eux-mêmes : car ils sont hommes semblables aux
« autres, mais leur grandeur se montre et entretient en ce
« que plusieurs autres personnes leur obéissent et les res-
« pectent : et l'origine est de la bonne volonté de leurs su-
« jets qui s'addonnent à cette obéissance. Bien vrai est
« qu'ordinairement les Rois, Princes et Grands ont le sens
« et l'entendement et le cœur plus grand, subtil et géné-
« reux que les autres hommes : et ce bon sens leur fait
« connoître qu'ils ont besoin d'aide d'autrui pour exercer
« léur grandeur, leur fait connoître aussi qu'à chacun
« homme sa volonté est libre et franche pour aider et faire
« secours où bon lui semble, et s'en abstenir aussi. D'où
« vient qu'il leur est nécessaire de penser les moyens par
« lesquels ils pourront exciter, semondre et entretenir les
« volontez de ceux desquels ils pensent pouvoir tirer ser-
« vice, et de choisir les serviteurs selon la capacité. . . . . .
« . . . . Car, en affaires d'Estat une personne intelligente
« ne doit jamais être estimée foible ennemi. . . . .

Paris. -- Impr. F. PICHON, 14, rue Cujas, et 51, rue des Feuillantines.

www.ingramcontent.com/pod-product-compliance
Lightning Source LLC
LaVergne TN
LVHW022035080426
835513LV00009B/1058